yukismart.com/b/67abb6

fille

เด็กผู้หญิง

dek phuying

garçon

เด็กผู้ชาย

dekphuchai

maman

แม่

mae

papa

พ่อ

pho

jeune

เยาว์วัย

yaowai

vieux

แก่

kae

enfant

เด็ก

dek

adulte

ผู้ใหญ่

phuyai

accepter

ยอมรับ

yomrap

refuser

ปฏิเสธ

patiset

oui

ใช่

chai

non

ไม่

mai

sourire

ยิ้ม

yim

pleurer

ร้องไห้

ronghai

heureux

มีความสุข

mi khwamsuk

triste

เศร้า

sao

seul

คนเดียว

khon diao

ensemble

ด้วยกัน

duaikan

bruit

เสียงดัง

siang dang

silence

เงียบ

ngiap

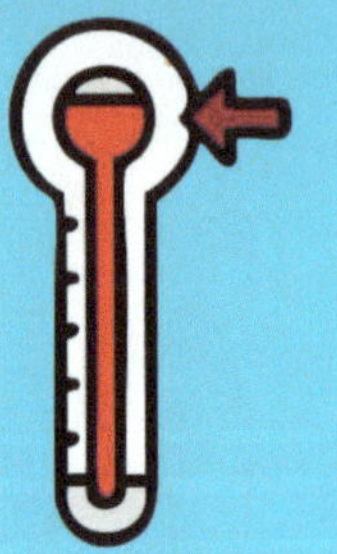

chaud

ร้อน

ron

froid

เย็น

yen

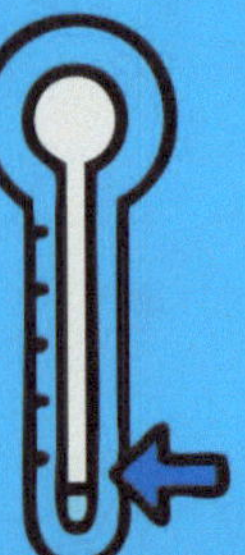

un peu
นิดหน่อย

nitnoi

beaucoup
มาก

mak

solide
แข็ง

khaeng

liquide
ของเหลว

khongleo

court
ส้น
san

long
ยาว
yao

lent
ช้า
cha

rapide
เร็ว
reo

minuscule
จิ๋ว
chio

petit
เล็ก
lek

grand
ใหญ่
yai

énorme
ใหญ่โต
yaito

dedans
ใน

nai

dehors
นอก

nok

gonflé
พอง

phong

dégonflé
แฟบ

faep

sur

บน

bon

sous

ใต้

tai

sale
สกปรก

sokkaprok

propre
สะอาด

sa-at

identique
เหมือนกัน

mueankan

différent
ต่าง

tang

gauche

ซ้าย

sai

droite

ขวา

khwa

1 + 1 = 5

faux

ผิด

phit

1 + 1 = 2

correct

ถูกต้อง

thuktong

mince

บาง

bang

épais

หนา

na

facile

ง่าย

ngai

difficile

ยาก

yak

 fermé

ปิด

pit

ouvert

เปิด

poet

grand

สูง

sung

petit

เตี้ย

tia

en bonne santé

สุขภาพดี

sukkhaphap di

malade

ปวย

puai

jour

กลางวัน

klangwan

nuit

กลางคืน

klangkhuen

jouer

เล่น

len

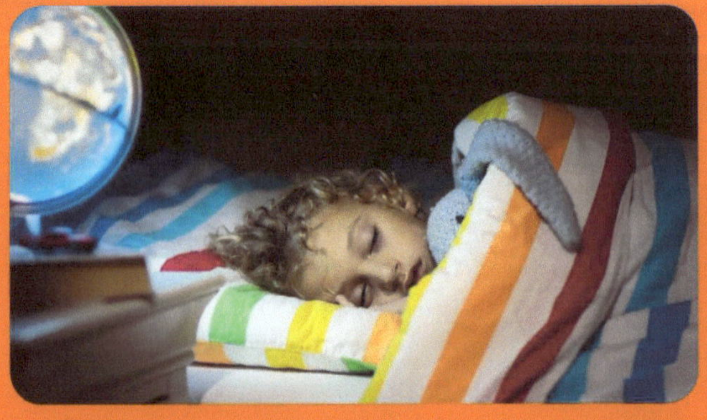

dormir

นอนหลับ

nonlap

ensoleillé
ท้องฟ้าแจ่มใส
thongfa chaemsai

nuageux
เมฆมาก
mekmak

pluvieux
ฝนตก
fontok

orageux
มีพายุ
mi phayu

blanc

ขาว

khao

noir

ดำ

dam

couleurs claires

สีอ่อน

si-on

couleurs foncées

สีเข้ม

si khem

sucré

หวาน

wan

acide

เปรี้ยว

priao

salé

เค็ม

khem

amer

ขม

khom

entier
ทั้งหมด
thangmot

moitié
ครึ่ง
khrueng

rempli
เต็ม
tem

vide
ว่างเปล่า
wangplao

manger

กิน

kin

boire

ดื่ม

duem

près
ใกล้
klai

loin
ไกล
klai

là
ทีนั้น
thinan

ici
ทีนี
thini

debout

ยืนขึ้น

yuen khuen

allongé

นอนลง

non long

assis

นั่งลง

nang long

cheveux bouclés
ผมหยิก
phomyik

cheveux raides
ผมตรง
phom trong

trempé
เปียกโชก

piak chok

mouillé
เปียก

piak

sec

แห้ง

haeng

devant
ข้างหน้า
khangna

derrière
ข้างหลัง
khanglang

entre
ระหว่าง
rawang

à côté de
ข้าง
khang

toit

หลังคา

langkha

sol

พื้น

phuen

lourd

หนัก

nak

léger

เบา

bao

fragile
บอบบาง

bopbang

robuste
บึกบึน

buekbuen

faible
อ่อนแอ

on-ae

fort
แข็งแรง

khaengraeng

piquant

คม

khom

doux

นุ่ม

num

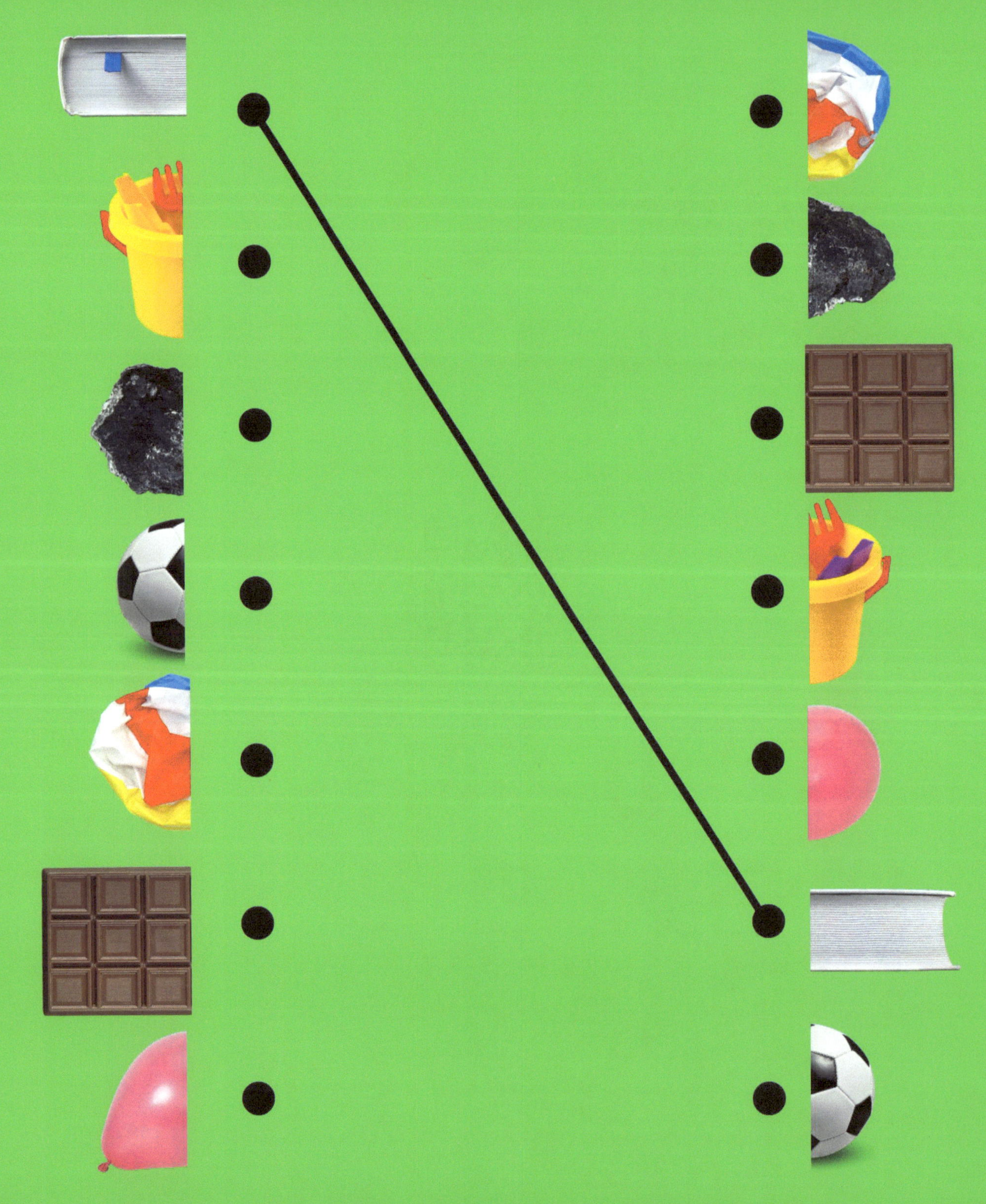

www.ingramcontent.com/pod-product-compliance
Lightning Source LLC
LaVergne TN
LVHW071639180726
843512LV00002B/338